DANTE

L'ENFER

CINQ CHANTS

MIS EN VERS FRANÇAIS

PAR

ADRIEN BONNEAU DU MARTRAY

PARIS-AUTEUIL
IMPRIMERIE DES APPRENTIS-ORPHELINS. — ROUSSEL.
40, RUE LA FONTAINE, 40.

—

1882

DANTE

L'ENFER

CHANT I.

Vers le milieu du cours de mon errante vie,
Je me retrouvai, hors de la route suivie,
Dans un bois ténébreux qui m'entourait d'horreur.

Dirai-je quelle était cette forêt épaisse,
Apre et forte? La tâche est de telle rudesse
Qu'y penser seulement renouvelle ma peur :

La mort même paraît à peine plus amère.
Mais je vis d'autres faits que je ne dois point taire ;
C'est la source du bien qu'en ce lieu je trouvai.

Comment j'y pénétrai, je ne puis le redire ;
Tant sur moi le sommeil exerçait son empire,
Au point où du chemin direct je déviai.

J'avais atteint le fond de la triste vallée
Où la peur s'empara de ma tête affolée :
Le pied d'une colline en mesurait la fin.

Je vis, vers le sommet du mont qui les reflète,
Les rayons filés d'or de la belle planète
Qui mène sûrement l'homme par tout chemin.

Mais voici qu'un lion à mes yeux se présente,
Et dans mes sens troublés apporte l'épouvante :
Il vient la tête haute et le front menaçant,

Comme pour assouvir une faim enragée.
Nul doute, contre moi sa course est dirigée :
Je tremble, et dans ma peur l'air me semble tremblant.

Une louve suivait : sa maigreur éloquente
Décelait les désirs qui la minent vivante :
Maint peuple, par son fait, vécut dans la douleur.

Son regard est terrible et provoque la crainte :
Il pèse lourdement sur ma valeur éteinte,
Et je perds tout espoir d'atteindre la hauteur.

Celui qui d'acquérir était insatiable,
Si les temps sont changés, s'il devient misérable,
Pleure, en tous ses pensers, sur le bonheur qui fuit ;

Tel j'étais devenu, chassé, sans paix ni trêve,
Par ce monstre obstiné qui contre moi se lève,
Vers l'abîme où jamais le soleil ne luit.

Pendant que je roulais dans la basse vallée,
Devant mes yeux s'offrit une ombre reculée :
Un long silence avait enroué cette voix.

Dès que je l'aperçus dans la déserte plaine,
« Viens à moi ! m'écriai-je, homme ou bien ombre vaine.
Oh ! viens me secourir, pitié ! qui que tu sois. »

« — Si tu veux te tirer de cet endroit sauvage,
Dit-il, voyant les pleurs inonder mon visage,
Il faut, sans hésiter, suivre un autre chemin.

« La bête dont tu crains de devenir la proie
Ne laisse autrui jamais s'engager dans sa voie ;
Bien plus, elle l'empêche et le tue à la fin.

« Elle est de si mauvaise et bizarre nature,
Qu'elle prend, sans profit, son horrible pâture :
Elle a plus âpre faim même après que devant.

« A divers animaux en rut elle s'allie,
Et le nombre croîtra : mais un jour, en furie,
Le lévrier viendra la tuer justement.

« Entre Feltre et Feltro je place sa naissance.
La terre ni l'étain ne seront sa pitance ;
Elle sera d'amour, de sagesse et vertus.

« Il sera le salut de cette humble Italie,
Pour qui furent jaloux de prodiguer leur vie
Et Turnus et Camille, Euryale et Nisus.

« Le monstre, poursuivi par lui de ville en ville,
Rentrera dans l'enfer, d'où l'envie orde et vile
Le déchaîna d'abord pour ses desseins honteux.

« Je veux, pour ton salut, être aujourd'hui ton guide :
Suis-moi, c'est ton bien seul qui dans ceci décide.
Pour sortir il convient de traverser les lieux

CHANT II.

Déjà le jour baissait : l'atmosphère brunie
Invitait au repos tous les êtres en vie :
Moi seul me préparais pour un travail nouveau.

Les luttes du chemin, et les scènes poignantes
Que mon esprit frappé conserve encore vivantes,
De tous ces souvenirs je ferai le tableau.

O muse, esprit du ciel, prêtez-moi vos lumières !
Et toi, qui décrivis ces émouvants mystères,
Mon génie, en ces vers, paraîtra ta grandeur !

« Poète, commençai-je, ô mon guide, ô vrai sage,
Avant de me fier au dangereux passage,
Sonde si ma vertu monte à cette hauteur.

« Tu narras autrefois que l'aïeul de Sylvie,
Lorsqu'il vivait encor de périssable vie,
Mortel, put visiter le royaume immortel.

« Mais si, considérant sa haute destinée,
L'adversaire du mal fut courtois pour Énée,
Et fit fléchir les lois de l'ordre naturel,

« Nul homme intelligent ne peut l'en croire indigne,
Dans le ciel Empyrée, élu, faveur insigne,
Comme père de Rome et de l'État romain ;

« L'une et l'autre établis, si le vrai se peut dire,
Pour être les saints lieux, où de Pierre le sire
Le successeur devait régner en souverain.

« La descente aux Enfers, dont tu décris la gloire,
Lui livra des secrets qui firent sa victoire ;
Et le prix fut le sceptre aux mains du pape-roi.

« Un autre vint après y chercher la lumière :
Vase d'élection, il perça le mystère
Du salut éternel en ravivant sa foi.

« Mais moi, pourquoi venir et qui me le concède ?
Je ne suis point Énée, à Paul aussi je cède ;
Je crois, comme chacun, à mon indignité :

« Si donc à ce passage, imprudent, je me fie,
Je crains que ma venue apparaisse folie.
O sage, tu comprends mieux que je n'ai parlé.

« Tel veut et ne veut plus, sa pensée inquiète
Effleure tout sujet et jamais ne s'arrête ;
Le projet qu'il mûrit est déjà condamné :

« Tel j'étais devenu sur l'obscure colline.
Moi, qui de tant d'ardeur brûlais à l'origine,
Je renonçais au but que je m'étais donné.

« — Si j'ai de ton discours saisi le sens intime,
Me répondit bientôt l'ombre du magnanime,
De quelque penser vil ton cœur est occupé.

« C'est ainsi que souvent atteint de couardise
L'homme s'est retiré d'une noble entreprise,
Comme fuit un coursier par une ombre trompé.

« Pour chasser cette peur et te donner courage
Je te dirai pourquoi je vins, et quel langage
J'ouïs dans cet instant où j'eus pitié de toi.

« Dans les limbes j'errais quand une femme belle,
Semblable aux bienheureux, paraît et m'interpelle :
Saisi, je la priai de commander à moi.

« Comme étoiles au ciel ses pupilles luisaient ;
Et l'on pouvait penser que des anges parlaient
Quand sa limpide voix laissa tomber ces mots :

« Ame de Mantouan où courtoisie abonde,
« Toi dont la renommée occupe encor le monde,
« Et comme lui durable, écoute ce propos :

« Mon ami, tout de cœur, point ami d'aventure,
« Sur la déserte plage est, par cause si dure,
« Empêché, qu'il a dû rebrousser en chemin.

« Je tremble, si sa voie est à jamais perdue,
« Au secours d'un ami d'être trop tard venue :
« Ce que j'appris au ciel me cause ce chagrin.

«Pars donc, et fais si bien, par ta parole ornée,
« Pour le tirer d'ennui, que je sois consolée :
« Conjure le danger, va, ne néglige rien.

«Pour te parler ainsi, moi, je suis Béatrice ;
« L'amour m'a commandé d'exiger ce service.
« Je regagne à présent le séjour de tout bien.

«Quand je serai devant mon seigneur et mon maître,
« Je me louerai de toi, je te ferai connaître. »
Elle se tut alors, et moi je repartis :

« O Dame de vertu, par qui l'espéce humaine
Mérita la faveur qui la fit souveraine
En ce ciel qui comprend des cercles plus petits ;

« De t'ouvrir davantage il est peu nécessaire ;
Et je suis, à ce point, désireux de te plaire,
Que je croirais tarder si j'avais obéi.

« Mais dis-moi la raison qui t'oblige à descendre
Du beau ciel où déjà tu brûles de te rendre,
Dans ce centre où jamais le soleil n'a lui.

« — Si tel est ton désir d'aller au fond des choses,
Fit-elle, en termes brefs je te dirai les causes
Pourquoi je n'ai pas craint de venir en ces lieux.

«Ce qui du mal, en soi, possède la puissance,
On le doit craindre et fuir avec persévérance.
Le reste ne vaut pas qu'on devienne peureux.

« Par la grâce de Dieu, sa merci, je suis faite
Telle qu'à tous vos maux je ne suis point sujette :
La flamme de ce feu ne m'atteint nullement. »

« Une dame est là-haut qui gémit et s'afflige
Du cas où je t'envoie ; et sa noblesse oblige
Le Ciel à rapporter un trop dur jugement.

« A sa requête vint auprès d'elle Lucie :
« Ton féal a besoin de toi ; je le confie
« A ton zèle pieux. » De tout être cruel

« Lucie est l'adversaire, et toute violence
L'émeut : de mon côté, rapide, elle s'élance.
J'étais assise auprès de l'antique Rachel.

« Louange du vrai Dieu, Béatrice, dit-elle,
« Celui qui te portait un amour si fidèle,
« Qu'il s'éloigna du monde afin de mieux t'aimer,

« Implore ton secours : n'entends-tu pas sa plainte ?
« Ne vois-tu point la mort, et leur suprême étreinte
« Sur ce fleuve qu'on craint à l'égal de la mer ? »

« Nul ne fut aussi prompt pour suivre un avantage,
Ou pour se dérober aux effets d'un dommage,
Que moi lorsque j'ouïs ce qu'elle avait voulu.

« Vite j'abandonnai ma paisible retraite ;
Et je vins confiante en ce parler honnête
Qui t'honore et tous ceux qui l'ont bien entendu. »

« Après qu'elle eut fini d'exprimer ses alarmes,
Elle tourna vers moi ses yeux brillants de larmes :
Je compris leur langage, et je partis soudain.

« Je me suis empressé d'accomplir sa requête :
J'ai pu de ta présence éloigner cette bête
Qui du mont glorieux te barrait le chemin.

« Qu'est-ce donc ? Et pourquoi, dans ton âme flétrie,
Nourrir le vice abject de la poltronnerie ?
Pourquoi, pourquoi rester après ce que j'ai fait ?

« Faut-il te rappeler qu'en la cour fortunée
Trois dames de haut rang gèrent ta destinée ?
Ne perds donc pas le bien que ma voix te promet. »

Comme une tendre fleur, qui s'incline et se ferme
Par une froide nuit, s'ouvre et redevient ferme
Quand l'aube qui blanchit ramène la chaleur,

C'est ainsi qu'il advint de ma valeur éteinte ;
Et je commençai lors comme un homme sans crainte,
Tant les pensers virils affluaient dans mon cœur.

« Toi qui me secourus, combien tu fus pieuse !
Et toi, sage courtois, à l'âme généreuse,
Au véridique appel si pressé d'obéir,

« Le feu de ton discours ranime mon courage :
Et rempli du désir d'accomplir ce voyage,
A mon premier dessein je reviens sans faillir.

« Va donc : un seul vouloir en nos pensers réside ;
Seul tu seras mon chef, mon seigneur et mon guide. »
Je dis : bientôt après l'ayant vu se mouvoir,

J'entrai dans le chemin profond, sauvage et noir.

CHANT III.

C'est par moi que l'on va dans la cité plaintive,
C'est par moi qu'aux douleurs sans terme l'on arrive :
C'est par moi que l'on va dans l'infernal séjour.

La justice du Ciel a voulu ma naissance;
Mes auteurs ont été la divine puissance,
La suprême sagesse et le premier amour.

Rien ne fut avant moi que choses éternelles ;
Et dans l'éternité je durerai comme elles ;
Qui franchira le seuil à l'espoir doit mourir.

Au sommet d'une porte, et de couleur obscure,
Je vis écrits ces mots d'impression si dure ;
Et je dis au docteur : « Leur sens me fait frémir. »

Avec l'autorité que donne la sagesse
Il répond : « Laisse ici le doute et la faiblesse,
Refoule dans ton cœur tout lâche sentiment ;

« Nous sommes parvenus aux fatales contrées
Où j'ai dit qu'on verra les tribus éplorées
Qui faillirent aux dons de leur entendement. »

Il dit; et m'assurant de l'air de son visage,
Tranquille, et dans sa main prenant ma main, le sage
M'introduisit au sein des secrètes horreurs.

Des soupirs, des sanglots, sous ce ciel sans étoiles ;
Des lamentations en déchirent les voiles :
Mes yeux, à ce début, se remplissent de pleurs.

Des langages divers et d'horribles paroles,
Des accents de douleur et de colères folles,
Voix sourdes, cris aigus, des mains s'entrechoquant

S'élevait, dans cet air sans temps et sans lumière,
Un tumulte croissant, comme on voit la poussière,
Quand l'ouragan sévit, monter en ondoyant.

Et moi, dont tant d'horreur avait troublé la tête,
« Maître, dis-je, qu'entends-je ? Et quels péchés rachète
Ce peuple qui paraît à tel point abattu ? »

« — Toute âme réservée à ce sort lamentable
Appartient, répond-il, à la gent misérable
Qui vécut bassement, sans vice et sans vertu :

« Elle est ici mêlée au chœur chétif des anges
Qui, dans le grand duel, égoïstes phalanges,
Entre Satan et Dieu restèrent indécis.

« Le Ciel les rejeta pour purger la souillure,
Et l'enfer leur ferma sa profonde ouverture,
Pour ne pas, de leur lustre, ennoblir les maudits.

«—Maître, repris-je, encore, explique-moi ces plaintes,
Et de quel mal ces gens ressentent les atteintes.'
« — En peu de mots, dit-il, tu seras satisfait.

« D'une seconde mort ils n'ont pas l'espérance ;
Et tel est le fardeau de leur vile existence
Que, dans tout changement, ils verraient un bienfait.

« Le monde dans l'oubli veut que leur nom périsse ;
Le pardon les dédaigne ainsi que la justice.
Mais c'est trop en parler ; vois et suis ton chemin. »

Et moi qui regardais, je vis une bannière
Qui fuyait en tournant si vite en la carrière,
Que sa course semblait ne pouvoir prendre fin ;

Et venait après elle une si longue file
De gens qu'à leur aspect il était difficile
De croire que la mort en eût tant abattus.

Mes yeux avaient déjà connu plus d'un visage,
Quand, soudain, m'apparut l'ombre du personnage
Qui fit, par lâcheté, le célèbre refus.

Je compris aussitôt, et j'eus la certitude
Que j'avais devant moi, dans cette multitude,
Les déplaisants à Dieu comme à ses ennemis.

Sur ces pauvres corps nus, qui jamais n'eurent vie,
Les guêpes et les taons exerçaient leur furie ;
Insectes malfaisants, à cette œuvre commis.

Le sang qui s'écoulait de leurs mille piqûres
Tombant, mêlé de pleurs, aux pieds des créatures,
Par des vers dégoûtants était, là, récolté.

Je détournai les yeux de cette triste scène,
Et je vis aux lueurs d'une flamme incertaine,
Sur le bord d'un grand fleuve un peuple entier jeté.

« Quelles gens sont ceux -ci, dis-je en parlant au maître,
Et veux-tu maintenant me donner à connaître
Quel charme de passer les fait si désireux

« — Sur ces choses, dit-il, se fera la lumière
Quand nous aurons atteint la sinistre rivière
Qui porte d'Achéron le nom jadis fameux.

Alors, les yeux baissés et marchant en silence,
Craignant, par un seul mot, de manquer de prudence,
Je vins, muet, au bord du fleuve des enfers.

Et voici qu'un vieillard à la barbe blanchie,
Monté sur une barque, accourait en furie,
Criant : « Malheur à vous, malheur, esprits pervers !

« N'espérez pas du ciel voir la beauté sacrée :
Je viens pour vous mener sur la rive abhorrée,
Dans l'éternelle nuit, les glaçons et les feux.

« Et toi qui viens céans, être encor plein de vie,
Fuis, et quitte des morts la triste compagnie. »
Voyant mon calme, il dit : « Il faut vider ces lieux

« C'est un autre chemin, c'est un autre passage,
« Un esquif plus léger, qui t'ouvriront la plage
« Où tu dois aborder : Ce port n'est pas le tien.

« — Que veut dire ceci, Caron? reprit mon guide.
On le veut au séjour où tout ce qu'on décide
On le peut; maintenant ne demande plus rien.

Lors se tut le nocher du sombre marécage :
Le calme reparut sur son lainéux visage ;
Et le feu s'éteignit dans ses yeux flamboyants.

Mais, aux notes d'effroi qu'elles ont entendues,
Les ombres des patients, misérables et nues,
Ont changé de couleur et fait claquer les dents.

Elles enveloppaient, dans un commun blasphème,
L'homme, le temps, les lieux, leurs parents et Dieu même ;
Les fruits de leur semence et leur dernier neveu.

Puis un torrent de pleurs inondant leur visage,
Elles vinrent, en foule, occuper le rivage
Où viendra tout mortel qui ne craignit pas Dieu.

D'un signe de ses yeux qui projettent la flamme,
Le démon les rassemble et frappe de sa rame
Quiconque à son appel est trop lent à courir.

Comme, automne venu, se détache la feuille
Du rameau dégarni, quand la bise la cueille,
Et qu'il voit sa dépouille à terre se flétrir ;

Ainsi des fils d'Adam la semence maudite,
Comme font les oiseaux quand l'appeau les invite,
Se jette de la rive au geste de Caron.

Elle accomplit sur l'eau la sombre traversée
Et n'a point abordé sur la rive opposée,
Qu'à l'autre bord se forme un nouveau bataillon.

« Mon fils, dit le docteur d'un ton de courtoisie,
Dans le courroux du Ciel ceux qui perdent la vie
Doivent de tous les points en ce lieu concourir.

« La justice divine ici les précipite,
Et d'un tel aiguillon à passer les excite
Qu'il semble que la peur se transforme en désir.

« Une âme juste ici n'était jamais venue.
Aussi, lorsque Caron se courrouce à ta vue,
Ce que tu viens d'apprendre explique sa fureur. »

Il achevait ces mots, et l'obscure contrée
Trembla si fortement que la seule pensée
De ce trouble effrayant me baigne de sueur.

Le vent se déchaîna sur la terre des larmes :
Un éclair teint de sang augmenta mes alarmes ;
Et, semblable à celui que le sommeil surprend,

Je tombai sur le sol privé de sentiment.

CHANT IV.

La foudre, en éclatant, rompit la léthargie
Qui tenait à ce point ma tête appesantie.
Comme se lève un homme éveillé brusquement,

Je fus debout soudain, et je scrutai l'espace
De mon œil reposé, pour connaître la place
Où m'avait pu jeter le fatal mouvement.

De fait, je me trouvais au bord d'une vallée
D'où, confus, s'élevait à l'oreille troublée
Le bruit de la douleur et d'innombrables cris.

Et si profonde était cette vallée obscure
Que mon regard en vain la sonde et la mesure :
Je n'y puis discerner aucun objet précis.

Maintenant descendons dans la sombre retraite :
Ainsi, tout pâlissant, commença le poète ;
Je serai le premier, et tu viendras second.

Moi, voyant la couleur de son front disparaître,
Je dis : «Comment venir, ô mon soutien, mon maître,
Si ta vertu faiblit, si ton courage fond ?

« — L'angoisse de ces gens, qui sont dans cet abîme,
Répond le bon docteur, sur mon visage imprime
Cette compassion que tu prends pour la peur.

« Allons : un long chemin à marcher nous invite. »
Il descend, je le suis ; et sans qu'aucun hésite,
Je pénètre avec lui dans l'orbe inférieur.

Là, nul cri n'accusait une épreuve cruelle :
Mais un souffle ébranlait l'atmosphère éternelle ;
Et je puis discerner le souffle des soupirs.

Et la cause en était que la foule infinie
De femmes et d'enfants, d'hommes là réunie
Se formait d'affligés, mais non pas de martyrs.

« Tu ne demandes point, me dit encor le maître,
Quels esprits sont ceux-ci : si tu veux les connaître,
Il faut savoir, après nous irons plus avant,

« Qu'ils ne péchèrent point, et leur mérite même
N'a pu les protéger, n'ayant eu le baptême,
La porte de ta foi, son premier fondement.

« Avant l'ère du Christ un grand nombre naquirent,
Et je suis de ceux-là : le culte qu'ils rendirent
N'était pas ce qu'on doit à la divinité.

«C'est pour ce manquement, non pour une autre offense,
Que nous sommes perdus : privés de l'espérance,
Nous souffrons par le cœur, le désir est resté. »

Le deuil me prit au cœur à ces mots du poëte,
Parce que je connus qu'en ces limbes s'arrête
Une foule de gens d'une haute valeur.

« Oh! daigne, mon seigneur, maître, daigne m'apprendre
Commençai-je, jaloux d'arriver à surprendre
Le secret de la foi qui dissipe l'erreur,

« Si quelqu'un put jamais, soit par aide étrangère
Ou son propre mérite, ombre ici passagère,
Échanger ce séjour pour celui des heureux.

« — J'étais nouveau venu, dit-il, en cet empire,
Quand, souvenir lointain, je vis un puissant sire,
Le front ceint de lauriers, arriver en ces lieux.

« Il en tira d'abord l'ombre du premier homme,
D'Abel son fils, de celui qu'on renomme
Légiste obéissant, Moïse, et David roi ;

« Israël et ses fils, Abraham patriarche,
Isaac né de lui, Noé qui bâtit l'arche ;
Rachel pour qui Jacob subit la dure loi ;

« Bien des ombres encor qu'aux clartés éternelles
Il voulut introduire ; et sache qu'avant elles
Nuls des esprits humains ne furent délivrés. »

Pendant qu'il discourait nous avancions sans cesse,
Et nous passions enfin cette forêt épaisse ;
Je dis forêt d'esprits, tant leurs rangs sont serrés.

Du lieu de mon sommeil nous étions près encore
Quand un feu, sous lequel toute ombre se colore,
De l'hémisphère obscur tend à percer la nuit.

Le point se rapprochait d'où la flamme est partie,
Et déjà nous pouvions distinguer, en partie,
Qu'une gent honorable habitait ce circuit.

« O toi qui sais orner tout art, toute science,
Dis-moi quels sont ceux-ci que tant d'honneur dispense
De la loi qui s'impose au reste des esprits. »

Le maître répondit : « Cette gloire infinie
Qui subsiste pour eux, en haut, dans votre vie,
A monté jusqu'au ciel, et leur obtient ce prix :

Cependant une voix s'écrie et se répète:
« Rendez, rendez hommage à l'illustre poète;
La voici de retour l'ombre qu'on regrettait. »

Le silence était fait, et la voix s'était tue:
Quatre ombres, se suivant, s'offrirent à ma vue;
Elles venaient à nous, l'air ni triste ni gai.

Et voici qu'aussitôt le bon maître commence:
Celui-ci, qui vers nous comme un prince s'avance,
Et précède les trois un glaive dans sa main,

C'est Homère, premier dans le genre héroïque;
Horace est le second, poète satirique;
Le troisième est Ovide, et le dernier Lucain.

Et lorsque, pour ce nom que la voix fit entendre,
Chacun autour de moi s'empresse de se rendre,
Ils me font un honneur qui rejaillit sur eux.

Ainsi je vis venir autour de lui groupée
L'école, au grand renom, du roi de l'épopée.
Il domine sur tous comme l'aigle en les cieux.

Les esprits, quelque temps, ensemble raisonnèrent ;
En saluant vers moi bientôt ils se tournèrent,
Et le maître sourit à cet acte courtois.

De plus d'honneur encor mon âme est accablée.
On daigne m'accueillir dans la docte assemblée :
Et je suis le sixième en ce groupe de choix.

Ainsi nous arrivions au foyer de lumière,
Discourant de sujets qu'il conviendra de taire,
Ainsi que d'en parler alors il était beau.

Nous parvenons au pied d'une demeure ardue,
Par sept murs élevés tout autour défendue,
Et par les flots profonds d'un limpide ruisseau.

Les sages l'ont passé comme on fait terre dure ;
Nous entrons dans un pré d'une fraîche verdure,
Dont sept portes, pour nous, ont ouvert les abords.

Noble était le maintien des gens qui le hantaient,
Grave et lent leur regard ; rarement ils parlaient,
Mais leurs voix résonnaient en suaves accords.

Nous nous acheminons vers un point de l'étage
D'où l'on peut contempler ce monde sans ombrage :
Le tertre est découvert, élevé, lumineux.

De là, portant les yeux sur la verte prairie,
Je vis les grands esprits fouler l'herbe fleurie ;
Et de ce souvenir je suis tout glorieux.

Électre avait pour cour sa brillante lignée,
Où je pus distinguer Hector avec Énée :
César nous mesurait de son regard hautain.

Je vis Pentesilée et la vierge Camille ;
Je vis le roi latin assis près de sa fille
Lavinie, et Brutus qui fit bannir Tarquin.

Je puis nommer encor Marcia, Cornélie,
Dames de grand renom, et Lucrèce et Julie.
Saladin était seul, à l'écart retiré.

Mon œil levé plus haut vit le génie unique
Que reconnaît pour chef la gent philosophique,
Assis parmi les siens comme un roi vénéré ;

Chacun le contemplait, tous lui rendaient hommage.
Placés au premier rang, et le plus près du sage,
Je distingue d'abord Socrate avec Platon ;

Celui qui fait un Dieu du hasard, Démocrite ;
Thalès, Anaxagore, Empédocle, Héraclite ;
Deux autres noms fameux, Diogène et Zénon.

Je vis Dioscoride, éminent botaniste,
Tullius Cicéron, Sénèque moraliste,
Linus poëte, Orphée et son luth enchanteur ;

Hippocrate, Galien qu'unit la renommée,
Les savants Avicenne, Euclide, Ptolomée ;
Averroës enfin le grand commentateur ;

Et tant de beaux esprits que je renonce à peindre.
A saisir cette foule, à la vouloir étreindre,
L'haleine fait défaut et le courage fuit.

En deux se départit l'illustre compagnie.
Par un autre chemin de l'atmosphère unie
Dans un air frémissant mon guide nous conduit,

Et je viens au séjour de l'éternelle nuit.

CHANT V.

Ainsi je descendis de la première enceinte
Dans celle qui la suit, de contour plus restreinte,
Mais où le mal plus vif rend le cri plus poignant.

Minos est là, terrible, avec les dents grincées.
Il juge, dès l'abord, les fautes confessées ;
Puis envoie à l'endroit qu'il fixe en se ceignant.

L'âme, dis-je, conçue en la sainte colère,
Qui paraît devant lui, s'accuse tout entière :
Le farouche limier, connaisseur en péchés,

Voit quel lieu de l'enfer attend l'infortunée ;
Et sa queue en anneaux sur les reins contournée
Par ses plis, de la chute indique les degrés.

Un grand nombre d'esprits se tient en sa présence,
Et chacun, à son tour, va subir la sentence ;
Il parle, entend l'arrêt, tombe précipité.

« O toi qui viens, sans trouble, au douloureux hospice,
Me dit, en suspendant son redoutable office,
Minos, dès que vers moi son regard s'est porté,

« Vois bien qui te conduit, et dans la vaste entrée
Redoute de trouver une embûche cachée. »
Mon guide lui répond : « Tes cris sont superflus,

« Tu ne peux faire obstacle à son fatal voyage :
Ainsi le veut Celui de qui tout est l'ouvrage,
A qui tout obéit : n'en demande pas plus. »

Et voici que déjà mon oreille est frappée
De sons plaintifs; déjà mon âme est occupée
Du bruit multiplié de douloureux sanglots.

J'arrivais dans un lieu tout muet de lumière,
Qui mugit, comme fait, au choc du vent contraire,
La mer, quand la tempête en soulève les flots.

L'ouragan infernal, qui jamais ne s'arrête,
Emporte les esprits dans sa course inquiète :
Roulés, heurtés sans fin, tel est leur châtiment.

Quand ils touchent aux bords escarpés de l'abîme,
Les plaintes et les cris montent jusqu'à la cime :
Ils se vengent ici du ciel en blasphémant.

J'appris que, dans ce lieu, les âmes sensuelles
Dont la raison subit les passions charnelles,
Expient le manquement qui leur est reproché.

Comme les étourneaux, quand la bise est venue,
Volent les rangs pressés et leur aile tendue,
Tel ce nuage vient des noirs esprits chargé.

De çà, de là, par haut et bas il les entraîne ;
Il ne leur reste plus, pour adoucir leur peine,
Espoir, non de repos, mais de moindres tourments.

Comme, chantant leur lais, on voit encor les grues
Traîner, en long sillon, leurs files par les nues,
Tels arrivent, suivis de leurs gémissements,

Les esprits emportés par la trombe en furie.
Pourquoi je dis : « Docteur, qui donc ainsi châtie
Le terrible élément ? — Parmi tous ces pervers

« Dont l'histoire a redit l'existence orageuse,
Je distingue, dit-il, cette reine fameuse
Qui soumit à son joug tant de peuples divers.

« Elle fut si rompue au vice de luxure,
Que, pour éloigner d'elle une juste censure,
Elle fit, par sa loi, consacrer le plaisir :

« Tu vois Sémiramis, qui fut l'épouse altière
De Ninus, et régit après lui cette terre
Que les Soudans, depuis, surent assujettir.

« Près d'elle est Cléopâtre, autre voluptueuse :
Celle-ci se tua par folie amoureuse,
Aux cendres de Sichée ayant trahi sa foi. »

Je vis Hélène ensuite, aimable enchanteresse
Par qui dix ans de trouble ont désolé la Grèce :
Achille que l'amour asservit à sa loi.

Je vis Pâris, Tristan ; et je comptai par mille,
Selon que le docteur les nommait à la file,
Ceux qu'amour retrancha du nombre des vivants.

Lorsque mon guide ainsi m'eut rappelé l'histoire
Des ombres dont le monde a gardé la mémoire,
La pitié me saisit, et faillirent mes sens.

Enfin je commençai : « Volontiers, ô poète,
Parlerais-je à ces deux qui volent tête à tête,
Et semblent, pour le vent, être un fardeau si doux.

« — Quand ils seront plus près, que ta voix les convie,
Dit-il, et les priant par l'amour qui les lie,
Il te sera donné qu'ils viennent jusqu'à nous. »

Comme un souffle du vent les avait rapprochées,
« Oh ! venez, m'écriai-je, âmes tant affligées,
Oh ! venez nous parler, si nul ne l'interdit ! »

Ainsi que dans les airs on voit la tourtereile
Voler, l'aile tendue, où le désir l'appelle,
Quand l'instinct maternel la pousse vers son nid,

Telles, quittant la foule où Didon désespère,
Elles vinrent à nous dans la sombre atmosphère ;
Si fort fut notre appel, le cri si caressant.

« O mortel gracieux, au cœur sans amertume,
Qui t'en vas visitant, dans cette épaisse brume,
Ceux dont le monde garde une empreinte de sang ;

«Nous prierions pour ta paix, s'il daignait nous entendre,
Le roi de l'univers, puisque ta pitié tendre
Compatit aux rigueurs de notre châtiment.

« S'il te plaît que l'on parle ou que l'on vous écoute,
Nous vous obéirons, malgré qu'il nous en coûte,
Tant que le vent se tait, comme il fait à présent.

« Sur la côte où s'étend la terre où je suis née,
Le Pô, pour apaiser son onde mutinée,
Se jette dans la mer avec tous ses suivants.

« Amour qui s'établit vite en un cœur fidèle,
Passionna celui-ci pour la forme si belle
Que je perdis, hélas! oh! souvenirs cuisants!

« A la loi de retour Amour pliant mon âme
Alluma dans mon sein une semblable flamme;
Et tu peux voir combien je suis éprise encor.

« Amour d'un même souffle éteignit notre vie.
Au cercle de Caïn, celui qui l'a ravie
Du meurtrier d'Abel partagera le sort. »

Au récit émouvant de ces âmes blessées
J'inclinai le visage, et mes tristes pensées,
En abaissant mon front, glacèrent mes esprits.

« A quoi pense mon fils? » dit enfin le poète.
Je répondis : « Hélas! dans quelle ardeur secrète,
Quels doux pensers, la mort les a-t-elle surpris?»

Puis me tournant vers eux, l'âme tout attendrie,
« O Françoise, ai-je dit, connais ma sympathie
Par ma voix qui sanglote, et les pleurs de mes yeux.

« Mais dis : par quel moyen, ou par quel artifice,
Au temps des doux soupirs, le dieu plein de malice
Fit-il germer en vous les désirs dangereux ? »

Elle reprit : « Il n'est point douleur plus amère
Que de se souvenir, en des jours de misère,
De la prospérité qu'on a vu s'écrouler,

« Et ton docteur le sait ; mais si ton cœur incline
De nos tristes amours à scruter l'origine,
Je vais, tout à la fois, et pleurer et parler.

« Un jour, pur passe-temps, nous voûlumes connaître
Comment de Lancelot Amour se rendit maître.
J'étais seule avec lui ; de défiance point.

« Nos yeux, plus d'une fois pendant cette lecture
Se cherchèrent, nos fronts pâlirent : mais nature,
Traîtreusement, nous fit succomber sur un point.

« Quand nous vîmes écrit que l'amant de Ginèvre
Cueille enfin le sourire envié sur sa lèvre,
Celui, qui pour jamais m'appartient, tout tremblant

« Se penche sur ma bouche et d'un baiser m'enivre.
Gallehaut fut pour nous l'écrivain et son livre ;
Et nous ne lûmes pas, ce jour-là, plus avant. »

Pendant qu'un des esprits nous parlait de la sorte,
L'autre pleurait, navré d'une douleur si forte,
Que de pitié saisi, dans ce deuil abîmé,

Je tombai, comme tombe un corps inanimé.